Bärbel B. Kappler

…den schickt er in die weite Welt -

Durch Sibirien mit dem Sonderzug
„Zarengold"

Tagebuch einer Zugreise

Text: Bärbel Kappler
Umschlagsgestaltung: Bärbel Kappler
Fotos: Hans und Bärbel Kappler
Herstellung und Verlag:
BoD - Books on Demand, Norderstedt
Erscheinungsjahr: 2014
ISBN: 9 783 735 780 904

Mittwoch, 16. Juli

Ulan Bator, Hauptstadt der Mongolei. Hier steigen wir zu in den Sonderzug „Zarengold" der Transsibirischen Eisenbahn Richtung Moskau, der „Transsib", wie der Zug oft genannt wird, zwischen der russischen Hauptstadt und Peking; Gesamtlänge: neuntausend Kilometer.

Hans steht im Abteil und jubelt: „Jetzt fahren wir mit der transsibirischen Eisenbahn! Im Zarengold! Davon haben wir doch immer schon geträumt! Das hat doch was! Oder?"

Natürlich hatte es was. Aber was?

Rückblick. Nach einer Woche in der mongolischen Steppe waren wir nach Ulan Bator zurückgekehrt. Gegen Abend wurden wir zur Aufteilung der Gruppen im Zug in ein sehr geräumiges Restaurant der Stadt gefahren. Es mutete uns an wie eine bayrische Bierschwemme. Das Bier war hervorragend, die Lautstärke kaum auszuhalten, das Essen: Salat – in einem Land, in dem Gemüse eher eine Rarität ist –, dicke Rinderknochen mit viel Fleisch, ein Stückchen Möhre, einige Stückchen rote, grüne und gelbe Paprika, eine Kartoffel, danach Crêpes mit Eis. Sehr „mongolisch…".

Eine Kaschmirmodenschau folgte. Vier weibliche mongolische Models, groß, dünn, mit dem typischen affektierten Gang; zwei männliche Models, Schlendergang, sehr tragbare Pullover, Jacken, Kleider, Umhänge.

Schwarze Hosen oder Leggings dazu, schwarzes Haar, dazwischen die knallfarbenen Kaschmirteile. Daß diese schönen Teile vorgeführt und angeboten wurden, lag nahe und hat uns eigentlich nicht überrascht, sind wir doch bei unserer Rundfahrt durch die Mongolei den Lieferanten dieser herrlichen Wolle ständig begegnet – riesigen Ziegenherden.

Herr Bobsin, der Chefreiseleiter des Zuges, in den wir nun bald einsteigen sollten, kam an den Tisch und stellte sich vor. Er sprach uns mit „Frau …" und „Herr …" an. Gottseidank nicht das übliche Geduze, bloß weil man ein paar Tage in demselben Zug reist.

Kurz vor zehn Uhr kommt eine vierköpfige Band ins Lokal und beginnt zu spielen. Fluchtartig stürmen wir „Zarengoldleute" nach draußen, denn nun ist der Lärm absolut nicht mehr auszuhalten. Das ist Abicht, denn nun sollen wir aufbrechen und den mongolischen Gästen das Lokal überlassen.

Der Zarengoldzug wartet schon am Bahnhof auf uns, zweiundzwanzig Waggons, 450 Meter Länge. Wir befördern unsere Koffer selbst vom Zubringerbus bis vor unseren Waggon, Nummer 9. Zwei junge russische Schaffnerinnen erwarten uns und hieven unsere Koffer die steilen Stufen hoch. Warum sehen russische Schaffnerinnen so russisch aus? Blaues Kostümchen, rot abgesetzt, weiße Bluse, rote Krawatte, Ponyfrisur. Freundliches Lächeln. Einige Worte Deutsch.

Wir stehen vor dem offenen Abteil und halten es im Foto fest, solange es noch so schön und aufgeräumt aussieht. Rechts und links je ein sechzig Zentimeter breites Bett – oder sollte ich es lieber Pritsche nennen? – abgedeckt mit weinroten, goldbestickten Tagesdekken. Blütenweißes Bettzeug schaut hervor. Ein blaues Duschtuch und ein rotes Handtuch für jeden. Über beiden Betten ein breiter Spiegel, sodaß man ins Unendliche zu gucken meint. Weinrote Vorhänge mit goldenen Tressen und kristallenem Dekogebaumel. Das Tischchen vor dem Fenster liebevoll gedeckt: Äpfel und Apfelsinen in einer schwarzgrundigen, blumenbemalten Holzschale, vier Schokoriegel, zwei Flaschen

Wasser, zwei Fläschchen Wodka, zwei Minifläschchen sagrotanähnliches Desinfektionsgel. Zwei winzige Matrioschkas als Schlüsselanhänger. Alles symmetrisch angeordnet auf einer weinroten und schräg darüberliegenden weißen Tischdecke. Unter dem Tisch hängt ein Müllbeutel. Auf dem Boden ein Teppich, über den Spiegeln und der „geschnitzten" Tür umlaufende Dekobänder, die an arabische Fliesenmuster erinnern. Wo können wir unser Gepäck lassen? Ah, über der Tür ist ein breiter Messinghandgriff, über den Fußenden der Betten ein ausklappbares Gestänge zum Hochklettern, um das große Staufach über der Tür erreichen zu können. Ein paar Kleiderhaken beidseitig neben der Tür. Um an die Blechkästen unter dem Bett zu kommen, muß man die Matratzen hochklappen.

Am Ende des Waggons sind zwei sehr ordentliche Toiletten. Toilettenpapier immer in den Eimer daneben geben, ja nicht ins Toilettenbecken! Erstens: es landet zwischen den Gleisen. Zweitens: Verstopfungsgefahr. Benutzung der Toiletten nicht, wenn der Zug an einem

Bahnhof hält; siehe „erstens". Für diese Zeit stehen einige wenige Biotoiletten zur Verfügung, für uns die nächstgelegene in Waggon dreizehn. Neben den Toiletten eine geräumige Dusche. Wir tragen uns sofort für den nächsten Tag in den an der Tür hängenden Duschplan ein. Duschzeit pro Person: fünfzehn Minuten.

Die beiden Deckenlampen im Abteil sind funzelig. Wir fragen Marina, eine der freundlichen und lieben Schaffnerinnen, ob es ein besseres Licht gebe. Sie heißen beide Marina. Sie versteht uns nicht und zuckt die Achseln.

Um 22 Uhr 54 soll es losgehen.

Punkt 22 Uhr 30 fährt der Zug ab. Hoffentlich sind alle an Bord. Eine der beiden Marinas klopft an die Abteiltür und sagt, irgendetwas „rabotat". Sie zeigt auf die Lampe am Kopfende meines Bettes, die halb hinter dem Vorhang versteckt ist. Ich betätige den Schalter. Die Lampe „rabotat", sie „arbeitet", wenn der Zug fährt.

Wir gehen bald zu Bett, putzen nur eben unsere Zähne, bevor wir uns auf unsere „Pritschen" legen.

Rattata. Tarattata. Ich kann nicht einschlafen.

Rattata. Ich glaub´, ich spinn´. Rattata. Bin ich verrückt? – Mich einzulassen auf neun Tage zu zweit auf etwa zwei mal zweieinhalb Quadratmeter! *Rattata!*

Donnerstag, 17. Juli

Im Morgengrauen werde ich wach. Wie sieht es eigentlich draußen aus? Ich gehe auf den Gang. Steppe. Ein paar Jurten. Das paßt, wir sind noch in der Mongolei. Ein paar Nebelschwaden, im Hintergrund Berge.

Rattata.

Bäume tauchen auf. Seit fast einer Woche keine Bäume mehr gesehen in der Mongolei.

Jetzt hohes, dichtes Buschwerk. Ein Fluß, die Selenga, die in den Baikalsee mündet. Auf der Abteilseite Berge, dicht vor dem Fenster. Ein Dorf. Zahlreiche hohe Stangen ragen über die Häuser. Erst als wir nahe daran sind, erkenne ich die Stromleitungen dazwischen. Der Fluß wechselt zur anderen Zugseite, wir müssen über eine Brücke gefahren sein. Alle Fotos werden unscharf.

Ich mache im Toilettenraum ein Drittel meines Handtuchs naß, um mich „waschen" zu können.

Wie angekündigt, hält der Zug Punkt 5 Uhr 43 zur mongolischen Paßkontrolle in Suhe Bator. Jetzt und in den nächsten sechs Stunden bloß keine Fotos machen, strengstens verboten! Neben uns steht eine Diesellok und macht ein rundes Geräusch: lautleiselautleiselautleise. Schließlich fährt sie ab, und Sonne fällt ins Abteil. Unsere Pässe werden eingesammelt. Jetzt können wir noch weiterschlafen. Könnten wir, wenn wir könnten. Insgesamt sind sechs Stunden für die mongolische und die russische Grenzkontrolle vorgesehen. Dabei brauchen wir für die Mongolei nicht mal ein Visum. Für Rußland natürlich schon. „Wie gut, daß ich ein unbescholtener Bürger bin." „Bürgerin", korrigiert Hans. Aber das ist in diesem Zusammenhang egal.

Ein mongolischer Soldat draußen am Zug salutiert vor der Weiterfahrt des Zuges. Wir winken. Er winkt zurück und salutiert wieder.

Wir machen uns klar, welch paradiesische Verhältnisse wir in Europa haben, in der EU; insbesondere, als wir bei der langsamen Weiterfahrt die gerodeten Streifen Land und hohen Zäune sehen. Was soll das in der heutigen Welt zwischen der Mongolei und Rußland? Wer hat vor wem Angst?

Das Frühstück wird aufgerufen. Über alles Wichtige werden wir über Lautsprecher in unserem Abteil informiert. Wir ziehen uns schnell an und gehen in den Speisewagen. Weißgedeckte Tische, Saft, Tee, Kaffee. Wurst und Käse werden gereicht, Crèpes, gefüllt mit Apfelstückchen. Olga, die Reiseleiterin unserer – sog. „grünen" – Gruppe, zu der zweiundzwanzig Leute gehören, erklärt in fließendem fehlerfreien Deutsch, wie der Tag ablaufen soll. Im Gang hängt auch ein entsprechender Plan.

Wir werden schnell in die Abteile zurückbeordert, denn jetzt steht die Paß- und Visumskontrolle auf der russischen Seite an. Der Zug steht hier stundenlang, bevor die Türen freigegeben werden und wir eine Dreiviertelstunde hinausdürfen. Draußen ist die Luft herrlich frisch, dort sind es „nur" 28 Grad. Wir sind auf 750 bis 800 Metern Höhe. Wir spazieren zu dem kleinen

Bahnhofsladen, auf dem, natürlich in kyrillischen Buchstaben, Продукты, „Produkte" steht. Diese Produkte, sprich Waren, sind Fisch, Speck, Gemüse, Butter, alles tiefgefroren, Schokolade und Überraschungseier der Firma Kinder, vier Kühlschränke mit Cola und anderen Limonaden, zwei lange Regalbretter mit vielen Sorten Wodka.

Der Zug fährt weiter das mongolische Hochplateau hinab bis zum Baikalsee, der auf 500 Metern Höhe liegt. Jetzt soll die schönste Strecke kommen, auf der man in langen Kurven den eigenen Zug sehen kann. Ich schaukle die vielen Gänge entlang bis zu einem der letzten Waggons.

Rattata. Tarattata.

Auf der Gelenkplattform zwischen zwei Waggons kann ich im Freien bleiben und auf Kurven und Brücken warten. Ab und zu weht mir Dieselqualm ins Gesicht. Wir fahren an einer Militärbasis vorbei: oberirdische Erdbunker, grasbewachsen, ein Militärflugzeug als Museumsstück auf einem freien Platz. Dann ein

Dorf. In den umzäunten Gärten blühen Kartoffeln. Ich mache doch ein paar Aufnahmen und gehe zurück durch die drei Restaurantwagen. In allen sind die Tische schon wieder hübsch gedeckt. In einem riecht es intensiv nach Knoblauch. Das Mittagessen wartet schon auf uns. Den Vortrag des Chefreiseleiters über die Geschichte und die Regionen Rußlands habe ich durch meinen „Ausflug" weitgehend verpaßt. Er spricht über den Stolz der Russen, das Versagen Jelzins, die Wirtschaftskrise und die Verarmung der Menschen, Alkoholismus und massenhafte Selbstmorde vor Verzweiflung und wie sehr Putin die russische Seele zu streicheln versteht. Alkoholverkauf an Bahnhöfen und nach 22 Uhr ist mittlerweile verboten. Russische Männer hatten eine Lebenserwartung, die statistisch achtzehn Jahre niedriger liegt als bei uns. Alkoholismus ist ein großes Problem.

Auf dem Mittagstisch steht für jeden ein Glas Wodka. Es gibt Salat, eine russische heiße Borschtschsuppe, die die gefühlte Temperatur auf 45 Grad steigen läßt, denn die Klimaanlage im Speisewagen ist ausgefallen. Eine Toilette ist auch schon defekt und deshalb permanent abgeschlossen.

Rattata. Tarattata. Bin ich verrückt? Was tu ich hier? Tarattata.

Auf die Teestunde verzichten wir zugunsten eines Mittagsschlafs und einer vorzeitigen Dusche.

Tarattata. Schon besser jetzt.

Kurz nach vier Uhr kommen wir in der Hauptstadt Ostsibiriens an, in **Ulan Ude**, in der Hauptstadt der russischen Republik Burjatien. Die Bebauung war vorher natürlich schon dichter geworden. Der Bahnhof ist breit und lang. Busse warten auf die Zarengoldgruppen. Die Bevölkerung hier besteht überwiegend aus Burjaten. Sie sind Mongolen, haben aber eine etwas hellere Haut und gelten deshalb bei den Mongolen als Schönheitsideal. Es ist immer dasselbe. Helle Haut gilt als schön.

Im Jahr 1666 ließen sich Kasachen hier nieder und bauten eine Festung. Heute sollen hier alle Stämme,

Sprachen und Religionen friedlich zusammenleben, heißt es.

Vor dem Parlamentsgebäude steht der größte Leninkopf der Welt, aus Bronze. Er wurde eine Zeitlang in Paris und Montreal ausgestellt. Eigentlich will ihn niemand wirklich haben. Die Architektur der Stadt ist überwiegend aus dem 20. Jahrhundert, „russischer Konstruktivismus", wie die junge Führerin erklärt. Hübsch und lebhaft ist die Fußgängerzone mit den heute vom Staat geförderten Gebäuden, ehemals reichen Handelshäusern. Pelze, Gold, Silber, Nahrungsmittel haben die Leute einst reich gemacht. Wir fahren durch ein Viertel mit Holzhäusern, viele mit schön geschnitzten Verzierungen an Fassaden und Fenstern. Der Markt hat schon geschlossen Wir dürfen die Burjatische Nationaloper besuchen, den Stolz der Stadt. Es gibt für uns eine halbstündige Vorstellung mit Volksliedern, farbigen Kostümen der sog. Altchristen. Eine Arie, traditionelle Ballettszenen, unter anderen auch von Kindern getanzt. Wir müssen uns dreimal ins

Bein kneifen. Wo sind wir hier? In Ulan Ude in Ostsibirien! Wir erleben und verstehen nun, wieso die örtliche Führerin mehrmals den hohen kulturellen Standard ihres Landes und ihrer Stadt betonte. Sie erklärte uns auch, wer die Altchristen sind, nämlich eine vor circa zweihundertfünfzig Jahren bei einer Kirchenspaltung der orthodoxen Kirche abgetrennte Gruppe, die damals mit den liturgischen Erneuerungen nicht einverstanden war. Sie leben in eigenen Dörfern, trinken keinen Alkohol und pflegen ihre alten Traditionen – wie gesehen. Wir waren jedenfalls überrascht von dem ausgesprochen hohen Niveau der Darbietungen, die internationalen Vergleichen standhalten können.

Am Abend im Bordrestaurant wird es mit mehreren Wodkas sehr lustig. Marlies feiert nach einer Woche in der Mongolei ohne Koffer das Wiederauftauchen desselben rechtzeitig vor Beginn der Weiterreise in der Transsib. Eine Woche in Jurten (fast) ohne die Möglichkeit, etwas einzukaufen!

Es regnet. Gegen zehn Uhr abends taucht der Baikalsee auf, das größte Süßwasserreservoir der Welt.

In der Nacht – es ist ausgesprochen kühl geworden – spiegelt sich der Halbmond im See. Der Zug fährt unmittelbar am Ufer entlang. Manchmal schieben sich ein paar Bäume vor meinen Blick. Es gibt etliche Tunnels, genau gesagt insgesamt neununddreißig. Lichter am Ufer tauchen auf, verschwinden wieder. Ein Boot befindet sich in der hellen Mondspiegelung auf dem Wasser. Ein scheinbar endlos langer Frachtzug mit Holzstämmen rattert an uns vorbei. Wir selbst fahren jetzt ganz langsam.

Ein Dorf in Burjatien

Die Oper von Ulan Ude

In Ulan Ude

Freitag, 18. Juli

Der Zug steht lange am Bahnhof von **Port Baikal**. Es gibt kein Wasser mehr im Zug; jeder Waggon wird einzeln aufgetankt. Bis das erledigt ist, dürfen wir nicht aussteigen, weil der Zug unangekündigt immer wieder ein paar Meter rangiert wird. Heute können wir auch nicht duschen. Der Zug wird so langsam fahren, daß die Generatoren das Wasser nicht werden aufheizen können. Macht nichts. Wie wichtig soll schon das Duschen sein gegenüber einer Bootsfahrt auf dem Baikalsee, die nun angesagt ist?

Mit einem kleinen Schiff überqueren wir den Fluß Angara, den einzigen Abfluß aus dem Baikalsee, und fahren zu dem kleinen Dorf **Listwanka**. Außer einem Hotel, einem Observatorium, dessen Spitze wie eine Sprungschanze hinter einem Berg hervorlugt, einer orthodoxen Kirche und einigen Wohnhäusern gibt es eine Menge Datschen, die, da jeder bauen darf, wie er will, von einfachen Holzhäuschen bis zu einem Hollywoodschlößchen reichen.

Wir fahren über den Baikalsee, den See mit den wohl meisten Superlativen! Olga zeigt uns eine Karte von Deutschland, in die der Baikalsee projiziert ist. Er reicht von der Mitte Baden-Württembergs bis fast zur Ostsee.

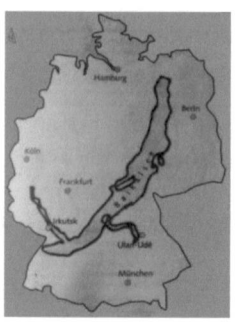

Wie bescheiden nimmt sich da der Bodensee aus! Der Baikalsee, das Herz Burjatiens, enthält zweiundzwanzig Prozent aller Süßwasserreserven der Erde und neunzig Prozent der Süßwasserreserven Rußlands. Er ist mit 1637 Metern der tiefste See der Erde, dabei 636 Kilometer lang und neunzehn bis achtzig Kilometer breit. Er ist äußerst arm an Mineralien, hat aber absolute Trinkwasserqualität. Er beherbergt einige Fischarten, die es sonst nirgends gibt, lachsähnliche, die wir später frisch geräuchert, noch warm, genießen. Außerdem leben hier etwa sechzigtausend Exemplare der einzigen Robben, die in Süßwasser leben, und etwa 2,5 cm große Krebschen als Krill, die die größte Biomasse im See bilden. Sie garantieren auch die Reinheit des Wassers. Ein Schaf, das tot in den See fiele, hätte sich innerhalb einer Woche sozusagen in Nichts aufgelöst, verputzt von den Krebschen. Klar, daß dieser See der Heilige See der Burjaten ist und insbesondere ihrer Schamanen, die einer Naturreligion anhängen und hier sehr zahlreich sind. Im Abflußbereich des Angara ragt ein kleiner natürlicher Fels aus dem Wasser, der den Schamanen heilig ist. Es wäre interessant, eine Reliefkarte des Baikalseebodens zu sehen.

Der Angarafluß wurde vor Jahren aufgestaut, die damalige Trasse der transsibirischen Eisenbahn überflutet; deshalb geht es hier jetzt nicht weiter. Viele Dörfer wurden ebenfalls überflutet, die Menschen umgesiedelt. Die schönsten und bemerkenswertesten Häuser im Blockhausstil wurden in einem Freilichtmuseum wieder aufgebaut. Wir besuchen es jetzt bei strahlender Sonne. Wie raffiniert sind z.B. die Balken an den Hausecken zusammengesetzt, natürlich ohne jeden Nagel. Mit halbierten und ausgehölten Baumstämmen wurden sogar nach dem Prinzip von Mönch und Nonne die Dächer gedeckt. Die schönste Ecke im Haus, die „rote Ecke" (rot = schön; s. „Roter" Platz in Moskau) ist mit einem Ikonenbild geschmückt. Es gab Badehäuser aus Lärchenholz; das brannte nicht so leicht. Außerdem ist es so witterungsbeständig, daß es nicht imprägniert werden muß. Bei uns ist sibirisches Lärchenholz sehr teuer. Die Wohnhäuser jedoch waren aus Kiefern- oder Tannenholz gebaut; das isolierte besser. Wir befinden uns hier in der Weißen Taiga, der südlichen Taiga, benannt nach den vorherrschenden weißstämmigen Birken. Es gibt Bären, Wölfe, Rentiere, Zobel. Letztere werden wegen ihres herrlichen Fells nach wie vor gejagt und im nahen Irkutsk verarbeitet, nach Farbe und Qualität sortiert und großenteils nach St. Petersburg verkauft. Wir lassen uns durch das warme Wetter und die herrliche

Blüte darüber täuschen, daß wir uns in Sibirien befinden, wo neun Monate lang der Winter herrscht und Pelzkleidung keine Frage der Mode ist. Der Baikalsee ist dann bis zu zwei Metern Tiefe zugefroren, Autos rasen mit einhundert Kilometern/Stunde über den See; auch Lastwagen fahren darüber. Selbst der stärkste Eisbrecher ist schon daran gescheitert. Aber auch im Sommer ist der See sehr kalt, in zweihundert Metern Tiefe hat er konstant nur drei bis vier Grad. Wir werden ein Bad im See noch erleben.

Am Nachmittag fährt unser Zug zurück auf die Hauptstrecke Richtung Irkutsk, fährt wieder durch zahlreiche Tunnel, immer dicht am Ufer entlang. Er fährt ganz langsam und hält oft an. Deshalb wieder keine Duschmöglichkeit, kein Wasserdruck.

Rattata, das fehlt mir jetzt.

Es gibt eine Ankündigung. Gegen einen Obulus von fünf Euro/Person kann man eine viertel Stunde auf der Lok mitfahren. Voraussetzung ist allerdings, man traut sich, auf dem unwegsamen Gelände neben dem dann

stehenden Zug von seinem Waggon aus zur Lok vorzu-
laufen und die enorm hohen Eisenstufen hochzuklet-
tern und auf der offenen Plattform zu stehen, auch in
Tunnels. Das trauen sich von den älteren Fahrgästen
längst nicht alle zu. Apropos Fahrgäste: Selten eine so
merkwürdige, inhomogene Gesellschaft erlebt! Auf
Campingplätzen z.B. trifft man meist wohl irgendwie
Gleichgesinnte, bei Kreuzfahrten je nach Schiffstyp
ebenfalls, auch bei Wandertouren oder Fahrradurlau-
ben; aber hier? Hier ist eine Gesellschaft beieinander,
die bunter kaum sein könnte. Aber ich lasse mich lieber
nicht über Einzelne aus.

Nacheinander stolpern mehrere kleine Gruppen zur
Lok. Um fünf Uhr nachmittags sind wir mit Olga dran.

Es ist der Hammer! Wir laufen vor, liefern beim
fröhlich lächelnden Lokführer unsere Fünf-Euro-
Scheine ab, schwingen uns die Eisenstufen hoch, ergat-
tern einen Platz auf der offenen Plattform an der Seite
weit vorn. Es geht dicht am See entlang, zwischen
Bäumen hindurch, durch Tunnel, an Dörfern vorbei:

wir stehen auf dem Perron, der Wind weht uns um die Nase, die Lok brummt, die Räder rattern.

Rattata, rattata! Ist das schön, ist das toll!

Welcher kleine Junge hat nicht davon geträumt, auf einer Lok zu fahren, „Jim Knopf und die Wilde 13"! Und welches erwachsene Mädchen jubelt nicht genauso bei diesem einmaligen Erlebnis! Man stelle sich soetwas in Deutschland vor, auf offener Plattform, vor den Füßen die Kupplung, daneben die steilen Eisenstufen ohne jede Sicherung – es gibt nicht einmal eine Kette. Hans steht auf der obersten Stufe, hat den Arm um eine Stange geklemmt, hängt sich weit hinaus und filmt ein paar Minuten.

Rattata, tarattata, Mensch, wie toll! Das ist ein Traum!
Der Dieselmotor wummert, die Schienen kreischen.

Der Zug hält, wir klettern mit Bedauern von der Lok, laufen an ihr entlang, steigen in den nächsten Waggon und laufen innen die dreizehn Waggons zurück bis zu unserem Abteil. Die Luxusklasseleute fühlen sich gestört. Sie sitzen in ihren Abteilen mit eigener

Dusche und WC, machen Computerspiele oder lesen Krimis. Daß sie dazu Zeit haben! Ich schaffe es nur mit Mühe zu schreiben, denn ich muß immer schauen, schauen, das Rattern fühlen, das Schaukeln. Schon haben wir einen Punkt am See erreicht, wo es so etwas wie einen schmalen Strand und ein winziges Dorf gibt. Der Zug hält. Diese Stelle wurde ausgesucht, um ein Bad im See zu nehmen – nur für die Mutigsten geeignet bei zehn bis dreizehn Grad Wassertemperatur! – und für ein abendliches Picknick auf einer Wiese neben den Gleisen.

Natürlich gehören wir zu den Mutigen; das lassen wir uns nicht nehmen, im Baikalsee zu baden! Von den 158 Zugreisenden sind es vielleicht zwanzig oder dreißig, die sich ins Wasser trauen. Die Steine sind glitschig, wir sind froh, daß wir Badelatschen mithaben. Das Wasser fühlt sich in der kleinen, flachen Bucht nicht so kalt an wie vorhergesagt, die Sonne scheint, als wir erfrischt und vielfach fotografiert vor der Kulisse der dunklen Berge und des langen Zuges aus dem Wasser steigen. In der Nordsee, wo man oft bei kaltem Wind aus dem Wasser kommt, haben wir schon mehr gefroren, viel mehr, hier eigentlich gar nicht. Aber das erzählen wir natürlich nicht. Eine Urkunde für unseren "Mut" ist uns sicher, die sieben Jahre Lebensverlängerung, die ein solches Bad bringen soll, leider nicht.

Joe, ein älterer Amerikaner, ist noch im Wasser und schier verzweifelt. Er hat keine Badelatschen und kann auf dem groben Kies nicht gehen. Ich werfe ihm vom Ufer aus meine Latschen zu. Er paßt nicht hinein und wackelt furchtbar herum. Ich rufe Hans herbei und bitte ihn um seine Latschen. Da ich jetzt meine eigenen wieder an den Füßen habe, kann ich Joe Hans´ Latschen bringen. Hand in Hand stolpern und rutschen wir Richtung Ufer. Joes Zehen sind blutig. Er bedankt sich für seine „Rettung" („You saved my life") noch jedesmal, wenn wir uns im Zug begegnen.

Das Wiesenpicknick auf der Bergseite des Zuges wartet schon auf uns, Fleisch vom Grillspieß, Fisch, vielerlei Gemüse, Salate, Obst, Gebäck, Tee, Kaffee,

Wodka. Immer wieder Wodka! Ich mag ihn nicht; er ist so heimtückisch. Man merkt ihn nicht. Wir "Mongolen" – die neun Leute, die schon in der Mongolei zusammenwaren – sitzen beieinander auf der Wiese. Ein Akkordeonspieler erfreut mit Musik und Gesang, manche tanzen, manche sitzen abseits, genießen in Zweisamkeit den Sonnenuntergang, andere sitzen abseits und haben an allem etwas auszusetzen. *Rattata.* Hans und ich laufen am Zug entlang zu einer alten Brücke, genießen die Stimmung der untergehenden Sonne über dem kleinen Dorf, machen Fotos. Werner ist dem Wodka zum Opfer gefallen, Andrea geleitet ihn vorsichtig liebevoll zu ihrem Abteil. Die allgemeine Stimmung ist ausgelassen.

Als alle in ihren Abteilen sind, fährt der Zug so weit zurück, daß der Gepäckwagen neben den Grillutensilien, Tischen und Bänken steht; alles wird eingeladen. Dann geht es Richtung Irkutsk.

Rattata, tarattata. Ich kann nicht einschlafen, habe zuviel Cola getrunken, ich bin kein Koffein gewöhnt. Hans schläft sofort; ich schreibe eine SMS an die Kinder, die aber nicht abgeht. Kein Netz. Ich werfe mich herum, stopfe mir die Ohren zu. Das Rattern wird leiser. Erst kurz vor ein Uhr schlafe ich ein.

Um drei Uhr bin ich wieder wach. Kein Rattata! Der Zug steht. Oh Gott, dann darf ich die Toilette nicht benutzen! Ich warte darauf, daß der Zug weiterfährt. Aber er fährt nicht weiter. Eine Biotoilette soll in Wagen dreizehn oder elf oder zwölf sein. Ich mag keine Biotoiletten. Ich mag nicht sämtliche Waggontüren öffnen und schließen, sämtliche Klotüren öffnen und schließen, um zu sehen, welches eine Biotoilette ist. Soviel Sagrotan für so viele Türgriffe habe ich gar nicht mit. Der Druck in der Blase steigt. Jetzt fällt mir ein, daß wir erst um zehn Uhr in Irkutsk ankommen sollen. Vom Baikalsee bis Irkutsk sind es nur sechzig oder siebzig Kilometer. Der Zug wird also in diesem elenden Bahnhof viele Stunden stehen. Solange halte ich es nicht aus! Die Gänge des Zuges sind hell erleuchtet. Eine der beiden Marinas in Rock und weißer Bluse hat mich wohl gehört und schaut nach dem Rechten. Alles

in Ordnung. Im nächsten Waggon steht am WC: Biotoilette! Gott sei Dank! Nun kann ich in Ruhe weiterschlafen, sogar ohne Rattata.

Am Baikalsee   *„Produkte"*

Am Baikalsee   Abenteuer auf der Lok

Baden im Baikalsee   *Kleiner Hof*   *Ein typisches Holzhaus*

34

Samstag 19. Juli

Pünktlich um zehn Uhr kommen wir in **Irkutsk** an. Wir sind bereits durch den Chefreiseleiter über die Stadt informiert.

Irkutsk, 1651 von Kosaken als Winterlager gegründet, war Ausgangspunkt der Eroberungen des Fernen Ostens bis über die Beringsee nach Alaska und in die Bucht von San Franzisco. Es wurde bald Sibiriens Hauptstadt und „Paris Sibiriens" genannt. Nach 1850 wurden die Häuser der sog. Dekabristen zu kulturellen Zentren der Stadt. Diese Leute waren eine Gruppe junger Adeliger und Offiziere gewesen, die einen Aufstand gegen den Zaren, Nikolai I., angezettelt hatten. Im Dezember 1825 wurde ihr geplanter Putsch jedoch verraten, und ihr Aufstand wurde niedergeschlagen. Fünf Anführer wurden hingerichtet, viele der Dekabristen (nach dem Datum ihres Aufstands im Monat Dezember - auf russisch dekabr) wurden zu Zwangsarbeit in Sibirien verbannt. Manche ihrer Ehefrauen gingen freiwillig mit ihnen. Nach unzähligen Petitionen und wegen guter Führung erlaubte man ihnen nach vielen Jahren, ihren Verbannungsort wenigstens selber auszusuchen. Viele entschieden sich für Irkutsk. Bald veranstalteten sie Konzerte, Lesungen und Bälle. Heute werden sie deshalb in Sibirien als Kulturbringer hochverehrt.

1879 wurden zwei Drittel der Holzhäuser Irkutsks durch ein Feuer zerstört, 15.000 Menschen wurden obdachlos. Danach wurden die Häuser in sibirischem Stil wieder aufgebaut, aus Stein. Unsere Stadtbesichtigung per Bus und zu Fuß findet mit Ludmila statt. Sie trägt gutsitzende Jeans mit langer Bluse darüber und hübsche flache Sandalen. Sie hat dezent nerzrot gefärbtes Haar. In perfektem Deutsch und mit beeindruckendem Wortschatz, anschaulicher Sprache und enormen Kenntnissen tunkt sie uns für etliche Stunden in die russische Seele ein. Es wird immer wieder deutlich, wie schlecht es den Menschen bis vor fünfzehn, zwanzig Jahren gegangen sein muß, daß sie zwei oder drei Jobs machen mußten, um zu überleben. Erst "unser lieber Putin" ermöglicht den Russen ein besseres Leben ebenso wie speziell in Irkutsk die Tatsache, daß die Stadt zum 350 - jährigen Jubiläum vom Staat viel Geld bekommen hat, das – so Ludmila – sinnvoll verwendet worden sei. Zu der Zeit, also um 2003, wurde ein ehemaliges heruntergekommenes Obdachlosenviertel restauriert und renoviert und zu einer Flaniermeile umgestaltet. Seitdem haben die Menschen auch erst Zeit zum Flanieren. Allerdings gefällt uns diese Fußgängerzone nicht so besonders gut; aber der Schick mancher junger Mädchen fällt uns auch hier auf wie schon in Ulan Ude. Für das Stadtjubiläum wurde auch die hübsche orthodoxe Erlöserkirche renoviert; vorher war die Organisation Kirche „wie die Maus unter dem Besen". Ludmila zieht unwillkürlich die Schultern ein. Unmittelbar neben dieser kleinen Kirche stand früher die große katholische Kirche; sie ist verloren, dort steht inzwischen ein häßlicher Verwaltungskasten aus der Sowjetzeit.

Wir sehen uns ein paar Denkmäler in Parkanlagen an – vom letzten Zaren Nikolai II. natürlich und von einem der reichsten Händler mit Namen Schellinghoff, hören über seine Familie und sein Leben und über das anderer Erfolgreicher in Sibirien, z.B. des Herrn Charkow, wobei die tapferen Ehefrauen offenbar immer eine bedeutende Rolle spielten.

Wir fahren also durch das Viertel mit den Holzhäusern aus dem 19. Jahrhundert. Viele sind schief, was durch den Permafrostboden und den Untergrund aus Ton im Wechsel mit Kies erklärt wird. Manche Hausteile liegen unter dem Straßenniveau. Sie stehen auf einem Untergrund, der im Sommer aufgetaut ist. Da konnte dieser Teil des Hauses oder auch das ganze Haus absinken.

Am Mittag beziehen wir das Hotel Irkutsk. Hier werden wir übernachten. Allein das Bad ist doppelt so groß wie unser Zugabteil, mit Badewanne! Das Zimmer – gefühlt – ein Tanzsaal, das Bett riesig und weich! Hier können wir auch unsere Wäsche waschen lassen. Herrlich! Welch ein Luxus! Wir duschen ausgiebig, schmeißen uns auf das Bett, tanzen zwischen Bett und Fernsehgerät.

Und kein Rattata!

Am Nachmittag geht es weiter. Wir besuchen eine Klosterkirche, besichtigen sie von innen stellvertretend für alle Kirchen von Irkutsk, Ikonenwand, Kerzenleuchter, einen halb gläsernen Sarkophag, in dem eine Frauenleiche zu ruhen scheint, das ist nicht so genau zu erkennen, feingestickte Tücher. Eine orthodoxe Kirche eben. An manchen (breiten) Straßen reiche steinerne Handelshäuser. In Sibirien waren nicht wie in Europa reiche Adelige die Herren, sondern reiche Händler. Eine sehr breite Brücke ("die haben wir in dieser Form erst seit wenigen Jahren" – „der liebe Putin") überquert den Angarafluß, dessen aufgestautes Niveau auf der linken Seite zweiunddreißig Meter höher liegt als rechts. Unter uns die Turbinen zur Stromerzeugung. Ludmila: "Wir sind nicht gegen Atomkraftwerke. Aber wir brauchen keine. Wir haben genug Flüsse zur Erzeugung von Strom durch Wasserkraftwerke. Der Strom kostet – umgerechnet – nur zwei Cent." (Bei uns z. Z. ca. fünfundzwanzig Cent.)

Wir fahren fünfundzwanzig Kilometer durch die Weiße Taiga zum Abendessen bei einer Familie auf dem Land. Viele der Birken biegen sich zum Boden, bilden große Bögen. Ihre Stämme sind so dünn, daß sie sich unter der Last ihrer Kronen und des Schnees mit den Wipfeln zum Boden neigen. Ludmila und Olga sprechen von dem Film „Dr. Schiwago", in dem es eine Schneesturmszene gibt. „Schneesturm? Gibt es in Sibirien nicht. Es wird so viel gelogen über Sibirien!"

Wir glauben das durchaus. Was sehen wir über Sibirien im Fernsehen? Armselige Hüttendörfer, alte Weiblein und knochige, verwitterte Männer in Gummistiefeln, Matsch, Armut, Jammern. Das gibt es sicher, wir sehen auch verfallende Dörfer und leerstehende Fabrikruinen. Aber wir erleben Sibirien so nur selten. Es hat mächtig gegenüber dem Westen aufgeholt, wie Ludmila betont. Und unser Bild von Sibirien wandelt sich allmählich immer mehr bzw. wird immer mehr ergänzt.

"Die Familie" hat ihre Datscha zum Dauerwohnsitz gemacht und kocht für Reisegruppen. Wir dürfen durch ihren Garten spazieren: Bartnelken, Kapuzinerkresse, Brennende Liebe. Weißkohl, Kohlrabi, Möhren, Zwiebeln, Kürbisse auf Hochbeeten. Tomaten im Gewächshaus. Der Flieder verblüht gerade. Hühner, Haubenenten, Gänse tummeln sich; es gibt Küken; einer der Hähne kann vor Kraft kaum laufen. Alle Häuser des Dorfes sind aus Holz gebaut. Jedes hat eine Sauna, jedes, teils als Nebengebäude. Eine Sauna ist in Sibirien so wichtig, daß Ludmila lange darüber erzählt: die Einstellung der katholischen Kirche zur Sauna sei anders als die der orthodoxen Kirche: Saunagänge von Männlein, Weiblein und Familien – usw.

Der Opa, jung, mit Kochhaube, kocht persönlich. Seine Frau, in einer Art Trachtenkleid, hält eine Begrüßungsansprache (Ludmila übersetzt), der kleine Enkel hilft servieren. Das Essen ist sehr schmackhaft, insbesondere das dunkle selbstgebackene Brot, aber auch der gemischte Kohlsalat, eine der „neunundzwanzig sibirischen Suppen", die Riesenkartoffeln und die lockeren

Frikadellen, das Nachtischgebäck, das man mit Honig oder Moosbeerenmarmelade füllt.

In Irkutsk

In der Datscha der Familie   *Gebogene Birken*

Sonntag 20. Juli

Nach der Nacht im weichen Hotelbett habe ich Rückenschmerzen. Als wir zurückkommen in unser Zugabteil, ist es aufgeräumt und glänzt wieder in Rotgold. Heute gibt es keinen Ausflug. Ich habe Zeit zum Schreiben. Der Zug rast, was hier natürlich nicht zweihundertzwanzig, sondern nur einhundertzwanzig Kilometer pro Stunde bedeutet. Er rattert nicht mehr. Dieser Abschnitt der Strecke hat offenbar einen modernen Unterbau und ist elektrifiziert.

Die Landschaft ist ganz verändert. Wir könnten in Schleswig-Holstein sein. Weite, leicht hügelige Wiesen, Baumgruppen aus Birken und schwarzstämmigen Kiefern. Zuerst glaube ich, es sei eine Kiefernart mit schwarzen Stämmen, aber sie müssen gebrannt haben. Herr Bobsin bestätigt, daß der Zarengoldzug vor drei Jahren durch brennende Wälder fuhr.

In die Abteile wird der Vortrag des Chefreiseleiters über die Besiedlung Sibiriens übertragen, auf englisch und deutsch. Ich schreibe Stichworte mit.

Eine der reichsten Familien war die Familie Stroganow. Sie lebte vom Pelzhandel (Zobel) und vom Salzsieden. Sie gründeten Dörfer, deren Bewohner sie bewaffneten und wehrhaft machten. Ende des 16. Jahrhunderts überquerten sie den Ural, bekämpften die Tataren (Restmongolen) mit Hilfe von Kosakenkämpfern. Truppen aus dem Westen rückten mit Unterstützung des Zaren weiter nach Osten vor; in knapp fünfundsiebzig Jahren eroberten sie zwölf Millionen Quadratkilometer Land. Für dessen Verwaltung setzten sie Kirchenleute ein; Administration war die Sache der Kosakenkämpfer nicht. Natürlich waren die Kosaken nicht in menschenleeres Land vorgestoßen, deshalb gab es viele Kämpfe und Scharmützel. Die Wege waren schlecht, besonders im Sommer (Matsch). Im Winter wurden Pferdeschlitten benutzt.

Zar Peter der Große wurde von vielen Fragen umgetrieben (Zar und Zimmermann! – Er soll sieben oder zwölf Berufe erlernt haben, genau weiß ich es nicht mehr), vor allem aber auch von Fragen nach Pelzen,

Bodenschätzen usw. Wissenschaftler aus ganz Europa wurden zu ersten Expeditionen zunächst bis zum Fluß Ob geschickt. Solche Forschergruppen waren oft jahrelang unterwegs. Sie durften nicht schwächlich sein und nicht streitsüchtig. Zurück kamen sie mit Mengen von Material: mit Vögeln, Pflanzen, Fischen, Säugetieren; alle gepreßt, getrocknet oder zumindest gezeichnet. Eine weitere Frage war, wie man ein so großes Land bevölkerte. Man mußte Anreize schaffen, um viele Menschen dorthin zu locken. Interessierte Siedler bekamen stabile Maschinen aus Eisen, Saatgut und vielerlei Vergünstigungen. Aber das reichte nicht, es fanden sich nicht genügend Menschen, die freiwillig in die sibirische Einöde gingen. Deshalb wurde als Strafe schon für kleine Vergehen eine fünfjährige Verbannung nach Sibirien eingeführt. Ludmila betont aber, sie seien keine Nachkommen von Halunken und Verbrechern, denn Einheimische und reguläre Siedler hätten ihre Töchter niemals einem Verbannten zur Frau gegeben. Ab 1891 begann der Bau der Eisenbahn durch Sibirien, der

"Wirbelsäule Sibiriens" (Ludmila). Habe es vorher in Sibirien circa fünf Millionen Einwohner gegeben, so verdoppelte sich ihre Zahl innerhalb von knapp zwanzig Jahren. Die erste Hauptstadt Sibiriens war Tjumen, später wurde es Irkutsk.

Ein ungeheurer Fortschritt in der Erschließung Sibiriens war der Bau der Eisenbahn.

Bei Kilometerstein 4934 in der Stadt Sima, (was „Winter" bedeutet), mit 39.000 Einwohnern, wird die Lok ausgetauscht. Eine Lok fährt immer nur vier- bis fünfhundert Kilometer. Dann wird sie durch eine andere ersetzt und fährt zurück. Sie bleibt immer in ihrer Region. Für dieses Manöver ist die Hälfte der Zugpassagiere ausgestiegen und eilt nach vorn. Es wird gefilmt und fotografiert, was die Kameras aushalten. Nach zweiunddreißig Minuten geht es weiter.

Große Flächen mit rosaroten „Alaskablumen"; wir kennen ihren Namen nicht; da sie auch in Alaska großflächig vorkommen, haben wir ihnen diesen Namen gegeben. Tümpel mit Lampenputzern. Große Dörfer.

Ein riesiges Holzsägewerk. Eine asphaltierte Straße überquert die Gleise, die Schranke ist heruntergelassen. Aus dem Boden der Fahrbahn ragt ein breiter dreieckiger Eisenkasten, sodaß es unmöglich ist, die Schranke zu überfahren. Acht Autos warten.

Birken sind angesengt. Immer wieder ragen nur nackte Stämme in die Luft, die Kronen wie abrasiert. Noch ein großes Sägewerk. Ein weiteres Dorf. Ein Mann mit nur einem Bein sitzt auf einer Mauer. Blühende Kartoffelgärten. Ein Friedhof. Ein gelber Tagebaubagger. Kohle wird hier gewonnen, allerdings minderwertige Kohle. Kiefern- und Birkenwald, mit vielen angekohlten Stämmen und verbrannten Kronen. Hans hofft darauf, daß sich mal ein Elch zeigt. Oder ein Bär. Oder wenigstens ein Hirsch. Am Fluß ein Dorf mit farbigen Dächern und Zäunen aus wellblechähnlichen Platten. Wieder ein Friedhof, eingeteilt durch schmiedeeiserne Gitter in lauter Rechtecke. Zwischen den Grabsteinen Wiesenblumen, in manchen Rechtecken ein Tisch und Bänke. Alte Leute in Sibirien wünschen sich aus Rücksicht auf ihre Kinder, im Sommer zu sterben, damit sie leichter beerdigt werden könnten. Im Winter im gefrorenen Boden ein Grab zu schaufeln ist mühsam.

Wir stehen auf einem Güterbahnhof mit mindestens fünfzehn parallelen Gleisen. Ein Güterzug rauscht vorbei. Neben uns ein Zug, beladen mit Kohle, ein anderer mit Holzstämmen. Es regnet, es gießt. Wir fahren weiter; am Bahnhofsgebäude kann ich den Namen der Stadt entziffern: ТУЛУН (Tulun). Wir finden den Ort sogar auf der Landkarte der Russischen Föderation. Die Stadt scheint nur aus Holzhäusern zu bestehen. Hans fotografiert, was ich in Notizen festhalte.

Weite rosarot blühende Flächen, vereinzelt mit verkrüppelten Birken durchsetzt, ziehen sich bis zum Waldrand. Eine ungeteerte Straße läuft ein kurzes Stück parallel zur Bahnlinie. Eine Tankstelle. Strommasten, eine geteerte Straße mit Leitplanken, ein paar Autos, ein paar LKWs. Wieder Wald. Man könnte doch mal einen ausgestopften Bären an den Waldrand stellen! Wie würden wir, vor allem die Fotoreisenden und Bildjäger, uns freuen! Im schnellen Vorbeirauschen könnten wir bestimmt nicht erkennen, daß es kein echter Bär wäre.

Herrn Bobsins Vortrag über die sibirische Verbannung beginnt:

Es gibt sie seit dem 16. Jahrhundert, vereinzelt auch schon früher, die berüchtigte gerichtliche Verbannung als Strafe für Vergehen oder Verbrechen. Sie wurde unter den Zaren viele hunderttausend Male verhängt, teils mit zeitlicher Begrenzung, teils für immer. Dann bekamen die Verbannten ein Brandmal auf die Stirn; sie erhielten aber auch Geräte, um Landwirtschaft zu betreiben. Bereits ab 1738 gab es keine Todesstrafe mehr in Rußland, außer bei Äußerungen gegen das Zarentum. (In Deutschland, England, Frankreich gab es die Todesstrafe bis ins 20. Jahrhundert.) Zwischen 1800 und 1898 wurden bei einer Einwohnerzahl von 140 Millionen laut Herrn Bobsin neunhunderttausend Menschen zur Zwangsarbeit verurteilt, was geradezu human erscheint. Herr Bobsin relativiert den Schrecken der

Verbannung nach Sibirien im Vergleich zu den Strafen in anderen Ländern in demselben Zeitraum. 1914 wurde dieses „Exilsystem" offiziell abgeschafft, außer für „politische Personen". Dennoch gilt Sibirien als größtes Gefängnis der Welt, weil Stalin in den Jahren 1936 bis 1943 etwa zwanzig Millionen(!) Menschen zu Zwangsarbeit unter entsetzlichen Umständen in sibirische Lager verschleppen ließ. (Deutsche Kriegsgefangene sind dabei noch nicht mitgerechnet.) Ein Viertel der Menschen, also etwa fünf Millionen(!) haben das Elend, die Qualen, den Hunger, die Strapazen, die Demütigungen nicht überlebt. Es ist unfaßbar!

Es ist halb zehn Uhr abends, die Sonne steht noch hoch. Es geht immer weiter gen Westen. Heute nacht stellen wir die Uhren um zwei Stunden zurück. Im milden Licht ist die Landschaft geradezu lieblich. Wir fühlen uns an die Lüneburger Heide erinnert. Dabei verläuft hundert Kilometer nördlich von uns die Permafrostzone. Wenige Kilometer südlich befindet sich Kasachstan. Wir fahren seit heute morgen zehn Uhr von Irkutsk durchgehend bis morgen nachmittag fünfzehn Uhr nach Novosibirsk mit einem kurzen nächtlichen Stop in Krasnojarsk zum Wassertanken.

Seit geraumer Zeit rattert der Zug wieder: Rattata, tarattata. Wir fahren durch Тайшет (Tajšet), ich lese das Bahnhofsschild. Ich sehe häßliche Plattenbauten aus der Sowjetzeit, lese im Reiseführer, daß hier unter Stalin "einer der größten Umschlagsplätze… für die nach Sibirien deportierten Häftlinge" war. Was für eine furchtbare Tatsache und was für eine furchtbare Ausdrucksweise! Heute leben hier laut Führer 42.000 Menschen.

Montag 21. Juli

Ich war bei meiner Tochter und bin mit Freunden essengegangen. Ich habe Bauchschmerzen. Als auch noch meine ganze rechte Seite anfängt zu zittern, vom Kopf bis zum Fuß, gehe ich zum Arzt. Er stellt sich vor: „Ich bin Philosoph." „Das hilft mir nicht." Ich bin ängstlich. „Sind Sie nicht Mediziner?" „Doch, das bin ich auch." Er leuchtet mir mit einem Scheinwerfer ins Gesicht. Das Zittern hört auf. Wir stehen auf einem Bahnhof, ein Scheinwerfer scheint genau in unser Abteil und auf mein Gesicht. Jetzt wird mir bewußt, daß ich auf der rechten Seite liege und diese tatsächlich gezittert hat. Der Rest war Traum. Der Zug rattert nicht mehr, er zittert, wohl infolge von Schwingungen irgendwelcher maschineller Aggregate. Jetzt fährt er ein paar Meter vor. Aha, er nimmt also mal wieder Wasser auf. Красноярск (Krasnojarsk). Ich schaue auf, sehe aber nur wenige Häuser. Einen Eindruck von der Stadt kann ich nicht gewinnen, denn ich schlafe sofort weiter, bis Viertel vor fünf. Morgennebel. Zwischen zwei Wolkenschichten ein orangeroter Streifen der aufgehenden Sonne. Es ist frisch im Abteil. Ich schließe das Fenster. Hans schläft noch. Es ist erstaunlich und erfreulich, wie selten man vor den Toiletten warten muß. Genauso erfreulich ist es, daß sie zwischen sechs und dreiundzwanzig Uhr stündlich kontrolliert und gereinigt werden.

Die Landschaft, durch die wir fahren, gleicht immer mehr unserer Kulturlandschaft in Mitteleuropa. Mehr Dörfer, größere Ortschaften mit Holz- und zweistöckigen Steinhäusern. Ein in groben Schollen umgepflügter Acker. Getreidefelder, teils noch ohne, teils mit gerade sichtbaren Ähren. Es ist Mitte/Ende Juli. Bei uns wird schon geerntet. Wir halten fünfundzwanzig Minuten in Mariinsk. Wiederum zum Lokwechsel. Der Bahnhof ist vielgleisig, mehrere Güter- und Transsib-Personenzüge mit ihren charakteristischen roten Buchstaben stehen da.

Über den Lautsprecher kommt erneut ein Vortrag von Herrn Bobsin, dieses Mal über den Bau der Transsibirischen Eisenbahn. Natürlich könnten wir ihn abschalten. Das tun wir aber nicht, im Gegenteil. Wir hören uns gerne seine englischen und seine deutschen Ausführungen an, denn manchmal ergänzen sie sich oder sie vertiefen das einmal Gehörte. Jedenfalls finden wir sie immer interessant.

Der Bau der Eisenbahn war ein ungeheurer Fortschritt in der Erschließung Sibiriens. Wie anders hätte man den Reichtum Sibiriens nutzen können? Während es in Deutschland schon ein Schienennetz von elftausend Kilometern Länge gab und in den USA neunundvierzigtausend, waren es im riesigen Zarenreich vor Beginn des Baus der Transsibirischen Bahn erst zweitausend. Zar Alexander III. wollte endlich den Ural überschreiten und trieb das große Projekt voran. Sein Sohn Nikolai I. entging bei einem Besuch in Japan knapp einem Anschlag. Er floh nach Wladiwostok und tat dort 1891 den ersten Spatenstich. Aber natürlich wurde die Bahn von West nach Ost gebaut. Im Jahr 1894 gelangte man bereits vom Ural aus bis Omsk und 1898 bis Irkutsk. Zuweilen arbeiteten bis zu neunzig- (nach anderen Quellen) hunderttausend Menschen in sechs zeitgleich entstehenden Abschnitten an dem ehrgeizigen Projekt. Für die Männer mußten Unterkünfte gebaut werden. Die heute größte Metropole Sibiriens, Novosibirsk, entwickelte sich aus einer Eisenbahnersiedlung. Es wurden auch Strafgefangene eingesetzt, die aber immerhin bezahlt wurden und deren Strafe für ihren Einsatz beim Bahnbau verkürzt wurde. Sie hatten ohnehin keine Wahl, obwohl es anfangs drei schwere Unfälle pro Tag gab. Insgesamt forderte der Bau bis zu zehntausend Tote.

Viele Streckenabschnitte waren zunächst nur eingleisig; manche sind es heute noch, wie der erste Abschnitt unserer eigenen Reise. Die größte Herausforderung war die Baikalseetrasse mit zweihundert Brücken und über dreißig Tunneln auf einer Strecke von zweihundertsechzig Kilometern. Im Mai/Juni war der Boden immer noch gefroren, im Juli war er matschig. Es gab Erdrutsche und Überflutungen. Vor dem Bau des Baikalabschnitts wurde der See noch mit einer Fähre überquert, Güter und Passagiere mußten umgeladen werden. Dafür wurden zwei in England in Auftrag gegebene Fähren mit Eisbrecherkapazität zerlegt, nach Port Baikal gebracht und im dortigen Hafen in zweijähriger Arbeit wieder zusammengebaut. Dennoch mußte man im Winter von Mitte Januar bis Mitte Mai den See mit Pferdeschlitten überqueren. Die Fähre „Baikal" sank, die zweite Fähre, „Angara", sahen wir als Museumsschiff an der Staumauer in Irkutsk liegen.

Einmal, im Winter 1904, verlegte man Gleise über den gefrorenen See und transportierte so in zwei Teile zerlegte Loks sowie Nachschub für den russisch-japanischen Krieg auf das östliche Ufer. Sechzig Lokomotiven wurden auf diese Weise über den See transportiert, nur eine versank. Rußland verlor den Krieg, auch, weil die Streckenverlegung noch nicht weit genug nach Osten vorangetrieben war und militärischer Nachschub in den fernen Osten nicht schnell genug vonstatten gehen konnte.

Die später fertiggestellte Bahnlinie führte dann von Irkutsk am Flußufer der Angara entlang und südlich um den See herum. Durch den Bau von Staudämmen kam es jedoch teilweise zu Überflutungen. Deshalb baute man eine neue Strecke auf dem direkten Weg von Irkutsk an die südwestliche Ecke des Sees nach Sludjanka und von dort aus südlich um den See.

Die Strecke heute ist sehr kurvenreich. In den Dörfern sehen wir immer viele der schönen Holzhäuser, die wir in den Städten als besondere Sehenswürdigkeit präsentiert bekommen haben. Sie sind, wie schon erwähnt, aus sibirischer Lärche gebaut und deshalb nicht imprägniert oder gestrichen. Nur die Fensterrahmen sind weiß oder blau bemalt und symbolträchtig geschnitzt.

Einige Stunden Aufenthalt im **Novosibirsk**, der 1,5-Millionen-Stadt, die erst vor rund hundertzwanzig Jahren gegründet wurde. Zum Wohnen mag sie attraktiv sein mit ordentlichen, einigermaßen modernen Wohnungen, einem gigantischen Opernhaus – es ist das größte Theatergebäude Rußlands, mit Blumenrabatten davor –, dem größten Bahnhof an der Transsib in Form einer Lok (bei etwas Fantasie), helltürkis gestrichen wie etliche andere Bahnhöfe. Typisch sowjetische Bronzestatuen, natürlich auch eine von Lenin, die ursprünglich für Ostberlin vorgesehen war. Daneben eine "der Jugend" gewidmet, einen Mann mit einer Fackel und eine Frau mit einem Zweig in der Hand darstellend. Auf Lenins anderer Seite die Idealmenschen der Sowjetzeit, ein Soldat, ein Arbeiter, ein Bauer. Nur keine Elite aufkommen lassen, sie könnte kritisch sein! Das ist heute anders. Bildung ist alles. In allen großen sibirischen Städten wimmelt es von Universitäten, Hochschulen, Akademien und Forschungsinstituten.

Wir gehen zum Fluß Ob, „bewundern" die Brücke, über die in drei Stunden unser Zarengoldzug fahren wird, die Licht- und Wasserorgel, die aber jetzt am Tage nicht in Betrieb ist, und auf der anderen Flußseite den Strand, wo sich heute bei 33 Grad viele Leute tummeln. Wir fliehen vor der Hitze in ein Café, Hans und ich essen jeder drei teure Kugeln Eis. Wir "Mongolen" sitzen wieder zusammen und klönen. Wir fahren noch an einem Platz mit einem großen Markierungsstein vorbei, auf dem steht: „3336 km" (bis Moskau nämlich).

Zurück im Zug sind wir heute die „späte" Gruppe zum Abendessen. Seit zwei Tagen essen wir im Restaurant C in zwei Schichten; es war irgendwo noch eine Gruppe zugestiegen, sodaß diese Einteilung notwendig wurde. Wir klönen bis spätabends mit Herrn Bobsin und Olga. Sie erzählt auf unsere entsprechende Frage, daß über die Verbrechen Stalins heutzutage durchaus gesprochen werde, zum Beispiel in den Schulen, allerdings sicher nicht so intensiv, meint sie, wie bei uns über die Hitlerverbrechen. Ihr eigener Großvater sei, nachdem er an einem Abend mit Nachbarn einen Stalinwitz erzählt habe, am nächsten Tag mit einer schwarzen Limousine abgeholt worden. Die Familie weiß bis heute nichts über sein Schicksal. Olga sagt auch, wenn Deutschland nicht Polen überfallen hätte, hätte es Rußland ein paar Monate später getan. Ob das historisch haltbar ist, weiß ich nicht. Ich finde diese Bemerkung aus russischem Munde aber bemerkenswert.

Die Uhr wird um eine weitere Stunde zurückgestellt.

Der Bahnhof von Novosibirsk

Vor dem Opernhaus in Novosibirsk   *Eine typische Straße*

Dienstag, 22. Juli

Ich bin sehr früh wach, die Nacht war ja für uns durch die Zeitumstellung lang. Der Zug rattert nicht, er zittert wieder. Ich genieße, auf dem Rücken liegend, die kostenlose Vibrationsmassage. Die Landschaft ist völlig flach, wir könnten irgendwo in Norddeutschland sein.

Wasseraufnahme in Tjumen; wir können uns zehn Minuten die Füße vertreten. 19 Grad. Da der Zarengoldzug aus unterschiedlichen Waggontypen und -kategorien zusammengestellt ist, sehen wir uns Abteile anderer „Mongolen" in anderen Waggons an. Unseres ist mit Rot und Gold schöner als deren braune Ausstattung. Sonst ist das meiste ähnlich; die Ablagen und die Zahl der Kleiderhaken variieren. Unsere Toilette ist besser und wir haben eine eigene Steckdose im Abteil. Marianne hat ein Abteil ganz für sich allein mit eigener Dusche und eigenem WC und einem richtigen Schrank. Das kostet natürlich „ein wenig" mehr.

Nach dem Mittagessen kommen wir in **Jekaterin-burg** an, der Stadt, die „sowohl in Asien als auch in Europa liegt". Peter der Große gründete sie zur Erschließung der Boden- und sonstigen Schätze des Ural: Eisen, Gold, Holz usw. Jekaterinburg ist die viertgrößte Metropole Rußlands nach Moskau, Sankt Petersburg und Novosibirsk. Es ist beachtlich, daß zwei davon in Sibirien liegen. Der Südural ist für Rußland das, was für uns das Ruhrgebiet war, ein Bergbau- und Industriegebiet.

Es ist kühl, circa fünfzehn Grad. Zuerst besuchen wir die „Kirche auf dem Blute". Sie wurde an der Stelle errichtet, an der das Haus des letzten Zaren stand. Hier wurde Nikolai II. mit seiner gesamten Familie, Frau und fünf Kindern, heimtückisch ermordet. Das war heute vor sechsundneunzig Jahren fast auf den Tag genau. Die Gestaltung der russisch-orthodoxen Kirche finde ich sehr angemessen, niedrige Decken, ikonographische Bilder für eine dezente Verehrung der Ermordeten, ein Altar an genau der Stelle ihrer Ermordung.

Draußen ein Denkmal mit allen sieben Personen an einer sechzehnstufigen Treppe, so gestaltet, wie sie damals in den Kellerraum ihrer Ermordung führte. Jedes Jahr versammeln sich tausende Menschen in und vor der Kirche zu einem Gedenkgottesdienst, um dann gemeinsam zu einem Platz im Wald in circa fünfundzwanzig Kilometern Entfernung zu pilgern, zu dem Platz, an dem angeblich die Leichen der Zarenfamilie verscharrt wurden.

Wir fahren weiter an den Stadtrand zu einer Stelle, wo „die" geographische Grenze zwischen Asien und Europa markiert ist, alles ziemlich kitschig gestaltet für Touristen, die oftmals solches lieben: einen Fuß in Asien, einen in Europa, knips, knips. Das tun wir natürlich auch. Trotzdem ein eigentlich überflüssiger Ausflug, vorbei an Obi, Metro und Ikea. Sie alle gibt's auch in Rußland.

Im Stau zurück in die Stadt, kurze Fotostops an mehreren Stellen: See, Kirchen, Parlament usw. Eine schöne Stadt, eine elegante Stadt, sie könnte aber überall sein. Die kleine Stadtführerin verkürzt die Zeit im Stau mit Geschichte und Geschichten und Legenden. Olga erteilt die dritte Unterrichtsstunde in Russisch; sehr gut, nun können wir alle kyrillischen Buchstaben lesen.

Wir eilen zurück zum Zug. Es gab schon Gruppen, die ihn verpaßt haben, er wartet nicht.

Hier beginnt für unsere „grüne" Gruppe sofort die Wodka- und Kaviarprobe. Olga erzählt allerlei Geschichten und macht Spielchen. Wir probieren vier Sorten Wodka, aber leider nur eine Sorte roten Kaviar. Dazu gibt's ein paar Häppchen und – sehr lecker – hauchdünne Crèpes. Zum Schluß animiert sie uns zum Singen. Sie hat's nicht leicht, unsere Gruppe von circa zwanzig Leuten zum Singen zu animieren, Wodka hin oder her. Ich möchte ihren Job nicht machen. Aber sie ist immer freundlich, humorvoll, informativ und geduldig.

Der Zarengoldzug überquert den **Ural**, die Wasserscheide zwischen Asien und Europa. Wir hatten uns diese Strecke anders vorgestellt, etwa so, daß sich der Zug den schmalen, nord-südwärts verlaufenden Gebirgszug in Asien keuchend hochwindet und auf der europäischen Seite steil wieder hinunterfährt. Das Gebirge ist hier jedoch nur vier- bis fünfhundert Meter hoch. Klar, daß man die Zugtrasse nicht durchs Hochgebirge im Norden oder Süden gelegt hat, wo die Berge fast 1900 bzw. über 1600 m hoch sind. Der Ural ist vor allem eine Wasserscheide, die Flüsse auf der asiatischen Seite fließen alle nach Norden und münden letztlich ins Eismeer, die in Europa fließen nach Westen.

Die Landschaft im weiteren Verlauf ist parkartig, hügelig; Strohballen liegen auf einigen Wiesen, die Birken und Kiefern erscheinen uns besonders hoch. Manchmal gucken wir nur gegen Böschungen oder Bäume. Es regnet.

Jetzt wieder Sonne. Mildes Abendlicht. Grüne, weite Täler, Dörfer. Es geht wieder: *Rattata, tarattata,* aber weicher als früher. Laubwald. Oft sieht man keine einzelnen Stämme mehr, nur noch Grün, unterschiedliches

Grün. Rosarote und weiße Blumen. *Tarattata, ich bin entspannt, tarattata, es geht mir gut.* Wir stellen die Uhren noch einmal um zwei Stunden zurück, jetzt bereits auf Moskauer Zeit. Der Abend ist lang, aber er wird uns nicht lang.

Eine Stadt taucht auf; einige verlassene, verfallene Häuser, Kieswerk, alte Gleise, die ins Nichts führen. Mietskasernen. Endlich ein Bahnhof, an dem man den Ortsnamen ablesen kann: Красноуфимск (Krasnoufimsk). Holzstapel, LKWs voller Bretter. Zwei Regelzüge der Transsib fahren neben uns in den Bahnhof ein. Die Betten dort sind schon für die Nacht vorbereitet. Einige Fahrgäste sitzen noch im Speisewagen. Beide Züge fahren vor uns weiter.

Nach alter Zeit ist es Viertel nach zehn, nach neuer erst Viertel nach acht. *Rattata, ich bin so müd´.* Morgen schon um Viertel vor sieben Frühstück. Ich gehe ins Bett. Gute Nacht.

Die Kirche „Auf dem Blute" in Jekaterinburg

Asien/Europa   *Kaviar- und Wodkaprobe*

Mittwoch 23. Juli

Ah, frisch geduscht und angezogen, die Brille geputzt; ich sehe jetzt schmucke Dörfer aus bunten Steinhäusern. Ein kleines Minarett fliegt vorbei, das kurze Schild des Bahnhofs von Арск kann ich lesen: Arsk. Wir sind in Tatarstan, der Heimat und dem Zentrum der muslimischen Tataren. In einer Stunde sollen wir in Kazan ankommen, der Hauptstadt der russischen Republik Tatarstan mit 1,2 Millionen Einwohnern. Eine Millionenstadt, und wir kannten noch nicht einmal ihren Namen! Die Umgebung sieht sehr gepflegt aus, Straßen, Dörfer. In den Außenbezirken brandneue Wohnviertel, viele Kräne, die zeigen, daß noch weiter gebaut wird. Das Wachstum in der Region beträgt angeblich sechs bis sieben Prozent. Tatarstan hat besondere Rechte gegenüber der russischen Föderation erkämpft, die andere Republiken nicht haben. Nach dem ersten Weltkrieg sollen deutsche Ingenieure – als Teil der im Versailler Vertrag auferlegten Reparationsleistungen – in den Entwicklungsteams für moderne Lokomotiven mitgearbeitet haben. Heute gibt es eine bedeutende Luftfahrt- und Kampfhelikopterindustrie, außerdem Öl, Erdgas, pharmazeutische und chemische Industrie sowie eine bedeutende Universität. Tatarstan ist etwa so groß wie Hessen und ein Restreich der Mongolen.

Und schon geht es ab zur Stadtbesichtigung von Kazan.

Der Kreml von Kazan

Donnerstag, 24. Juli

Ich wache um fünf Uhr auf. Es ist schon wieder hell. Wir stehen in irgendeinem Bahnhof. Die Schaffner nutzen die Gelegenheit, nach draußen zu gehen und zu rauchen. Sie scheinen alle zu rauchen, auch die von der regulären Transsib, die neben uns steht. Ich habe etwas verquollene Augen, obwohl ich am Abend zuvor gar keinen Wodka getrunken hatte. Aber der Tag gestern in Kazan war sehr anstrengend, ich bin nichtmal zum Schreiben gekommen.

Inzwischen stehen wir lange in Vekovka, noch zweihundertsieben Kilometer von Moskau entfernt. Ich kann nun zu schreiben nachholen, was ich gestern versäumt habe. Rückschau auf gestern:

Für **Kazan** war uns eine Überraschung angekündigt worden, aber Kazan, wo wir neun Stunden verbrachten, war insgesamt eine Überraschung. Eine bemerkenswert und auffallend großzügige, saubere und offenbar reiche Stadt. Wir fuhren zunächst zum Kreml, der blütenweiß gestrichenen Festung, UNESCO-Weltkulturerbe, an der höchsten Stelle der Stadt. Er wurde in der Mitte des sechzehnten Jahrhunderts gegründet. Sein weißes Mauerwerk, die orthodoxen Kirchtürme sowie die Kuppel und die vier Minarette der Moschee auf seinem Gelände sind ein Blickfang. Wir gingen sogleich in die Moschee, mit Kopftüchern und Überschuhen. Das muslimische Gotteshaus ist neueren Datums, wurde erst 2005 fertiggestellt. Wir bekamen von der tatarischen Stadtführerin Gusel alles genauestens erklärt, die Gebetskanzel, den Mihrab, die arabischen Inschriften, die die Namen der fünf wichtigsten Propheten nennen, Adam, Abraham, Moses, Noah und natürlich Mohammed, herausgehoben aus Hunderten von Propheten. Sie nannte uns die fünf Gebote für jeden Moslem, den Glauben, die Wallfahrt nach Mekka, das Fasten, das Gebet und das Almosengeben. Ich kam mir vor wie in einem arabischen Land. In den Straßen sahen wir aber höchstens zwei dezent muslimisch gekleidete Frauen. Gusel selbst, Tatarin und Muslima, trug ein sehr kurzes

Kleidchen, das sie in der Moschee und in den Kirchen, die wir noch besuchten, mit einem großen Tuch um die Hüften verlängerte.

Weithin auffallend war das kräftige Türkis der Moschee, deren Minarette weithin leuchten, ebenso wie die türkis, blau und golden leuchtenden Zwiebeltürme vieler großer und kleiner Kirchen, deren Inneres wir zum Teil besichtigten. Orthodoxe, üppig dekorierte Ikonenwände, Bilder, Kerzenleuchter, Reliquiare. Die katholische Kirche fiel schon von außen besonders auf, weil ihre Mauern samt Turm über und über mit farbigem Blumenstuck überzogen sind.

Vom Kreml und diversen anderen Plätzen aus hatten wir einen guten Überblick über teure Wohngegenden am "Wildschweinsee", Ministerien, das Stadion, den sogenannten Hochzeitskessel, ein rundes Gebäude auf einem „Fuß", in dem man sich trauen lassen kann und in dem untreue Paare laut Volksmund gekocht werden. Wir spazierten durch diverse kleine Parks, vorbei an

Denkmälern von Menschen, die primär lokale Bedeutung haben.

Die vorhergesagte Überraschung war ein halbstündiges Konzert in der hiesigen Musikschule. Es spielten neun- bis sechzehnjährige Kinder bzw. Jugendliche Klavier, Geige, Cello und Flöte. Sie waren so unglaublich gut, wir waren so begeistert, daß wir glauben, den einen oder anderen Namen eines Tages noch auf internationalen Bühnen wiederzufinden.

Auf der breiten Flaniermeile hatten wir Zeit zur eigenen Verfügung. Es gab Läden, Cafés, Musikanten, Maler und viele junge Leute, die wir gern beobachteten. Interessanterweise wirkte kaum jemand "tatarisch", sprich mongolisch, wie unsere Stadtführerin, obwohl etwa die Hälfte der Einwohner Kazans mongolischer Abstammung ist. Russen und Tataren leben friedlich zusammen, heiraten einander auch. Dennoch gibt es auf der anderen Seite des Wildschweinsees noch ein eigenes tatarisches Viertel mit vielen sehr farbigen Holzhäusern, einem tatarischen Zentrum und einem eigenen tatarischen Theater. Dorthin gingen auch sehr viele Russen, bemerkte Gusel, obwohl sie kein Wort verständen. Aber sie liebten tatarischen Tanz und Gesang.

Am Treffpunkt nach dem „freien" Bummel durch die Fußgängerzone stärkten wir uns in einem schönen, sehr gepflegten Café. Auf der Getränkekarte: Kaffee, Espresso, Doppelter Espresso, Cappuccino, Latte Macchiato. Die Globalisierung der italienischen Kaffeekultur ist total.

Zum Schluß am Kanal entlang gerieten wir in einen Stau, sodaß wir erst im letzten Moment zum festlichen Abschiedsessen im Zug erschienen und nicht einmal mehr Zeit hatten, uns umzuziehen, was aber auch nicht weiter auffiel. Es wurde recht lustig unter uns „Mongolen" mit Wein und Wodka, allerdings wurde es nicht sehr spät, da wir am nächsten Morgen schon wieder um sieben Uhr beim Frühstück sitzen sollten.

Die Moschee auf dem Kreml von Kazan *Der „Hochzeitskessel"*

Kazan: In der Moschee   Die Kath. Kirche   Innenraum der Kirche

Dieses Frühstück haben wir nun schon hinter uns, außerdem die Koffer gepackt. Wir haben die Wolga überquert, die hier riesig breit ist. Der Zug eilt auf Moskau zu, vorbei an Wäldern, Wiesen und Sümpfen. Ein künstlicher Storch auf einem Hausdach. Noch neunzig Kilometer bis Moskau. Ein Gewirr von Hochspannungsleitungen, ein Friedhof mit Holzkreuzen mitten im Wald. Hunderte Meter Stapel von Eisenbahnschwellen, die wohl neu verlegt werden sollen. Ein Antennenturm. Wir bekommen einen Fragebogen mit der Bitte, die Reise zu bewerten. Was war gut, was ist verbesserungswürdig oder -nötig?

Der "Zarengold" gerät in Aufregung. Endlich in **Moskau**, für die meisten der Höhepunkt der Reise.

Die Busrundfahrt durch die Stadt beginnt sofort, kreuz und quer über ehemalige Stadtmauern und -wälle, von denen höchstens noch etwas zu ahnen ist, auf die siebenspurige Hauptstraße mit Namen Sowieso – sieben Spuren in jeder Richtung! –, vorbei am Sowiesoministerium, dem Sowiesotheater, dem ehemaligen Wohnhaus nur für Funktionäre, der Duma, Denkmälern, Parks, über Brücken, am Fluß entlang. – Warum heißt er Moskwa? Nadeshda, die Stadtführerin mit dem grauen Haarknoten, bewirft uns zusammenhanglos mit Daten, Zahlen und Namen, die uns nur verwirren. Endlich der Rote Platz! Aussteigen. Im Zentrum Rußlands, im Zentrum der Russischen Föderation, im Zentrum der Macht, im Zentrum der Geschichte, im Zentrum der Schönheit! Rot gleich schön.

Er ist eindrucksvoll, der Platz, mit seiner Größe, seiner Kremlmauer und dem davorliegenden Leninmausoleum, dem Historischen Museum, dem berühmtesten aller berühmten Kaufhäuser, dem GUM, der Basiliuskathedrale mit den bunten und buntgemusterten Zwiebeltürmen. Nadeshda erzählt und erzählt, wir hören nicht mehr zu; das wirklich Wichtige kann man im Reiseführer lesen.

Wir bekommen fünfundzwanzig Minuten Freizeit fürs GUM. Trotz seiner immensen Größe, seiner langen Gänge, seiner vielen Etagen wirkt es fein, zierlich, elegant, die Cafés gemütlich. Die Menschen sitzen unter großen Sonnenschirmen, Wasser wird darüber vernebelt, um die schier unerträgliche Hitze zu reduzieren. Wir bummeln durch einige Geschäfte. Uns interessiert besonders der Lebensmittelbereich. Es gibt natürlich alles. Wir fühlen uns erinnert an Dallmayer in München. Uns fällt auf, daß frische Waren wie Fisch, Fleisch, frische Nudeln, Käse, Wurst nur in kleinen Mengen präsentiert werden. Vielleicht werden sie nicht schnell genug verkauft? Es gibt nicht viele Kunden, nur viele Touristen. Um Preise zu vergleichen, haben wir nicht genug Zeit. Nur eines ist sicher: der „normale" Russe kauft hier nicht ein. Und er wohnt auch nicht im Zentrum der Stadt, denn die dortigen Wohnungsmieten sind unerschwinglich. Der „normale" Russe wohnt weit draußen am Stadtrand.

Nach dem Mittagessen im Gebäude des Historischen Museums geht es zum Frauenkloster, das romantisch an einem See liegt, wo ein Maler sitzt und unzählige

Fotos geschossen werden. Danach fahren wir auf den „Sperlingsberg" mit der Lomonossow-Universität. Schöner Blick auf die Stadt, das Viertel mit modernsten gläsernen Hochhäusern, die orthodoxen Kirchen, die Hochhäuser im Zuckerbäckerstil aus dem 20. Jahrhundert, den Fluß.

Dann ins Hotel, Erholung, Abendessen. Um 21:30 Uhr geht das Programm weiter, höchst erfreulich nur mit Olga, die so kompetent, interessant, mit innerem Engagement und in bestem Deutsch den Abend leitet.

Wir fahren mit der U-Bahn. Olga erklärt das System, die Geschichte. Die Moskauer Metro ist nicht die älteste. Obwohl wir zehn Jahre lang die Pariser Metro benutzt haben, beeindruckt uns die Moskauer aufs neue. Was für ein unglaubliches System, um täglich neun Millionen Menschen in kürzester Zeit von A nach B zu befördern! Die Rolltreppen hinunter untertage sind so lang, daß alle jungen Paare, die wir sehen, die Zeit für eine kleine Schnäbelei nutzen. Die Stationen sind alle unterschiedlich, prachtvoll mit Marmor, Kronleuchtern,

Bronzestatuen, Mosaiken, Glasbildern. Die Atmosphäre zwischen Hektik und perfekter Organisation ist einmalig. Man muß sie erleben.

Wir steigen am Roten Platz aus. Moskau im Lichterglanz. Auf drei Seiten ist der Platz sehr schön beleuchtet. Nur auf der vierten Seite gefällt er uns garnicht, auf der Seite des GUM. Tausende von Glühlampen rahmen jedes Fenster, jedes Dächelchen, jede Türe ein. Disneyland läßt grüßen. Viele junge Leute bummeln über den Platz oder sitzen einfach auf dem Boden. Es ist noch immer angenehm warm. Es ist einfach schön.

Abends auf dem Roten Platz in Moskau

Freitag, 25. Juli

Die Sonne geht auf über Moskau. Vom achten Stock unseres Hotels Azimut sehen wir auf die Silhouette der Stadt, die allerdings von hier aus nicht besonders prägnant ist. Aber: Eine Dusche, bei der man sich nicht fragt, ob noch genug Wasser da ist, um den Schaum aus den Haaren zu spülen; keine Linkskurven, in denen die Duschtüre aufgeht, keine Rechtskurven, in denen das Wasser vom Abfluß wegschwappt und einen See um die Füße bildet. Wie verwöhnt sind wir im Grunde! „Luxus" kann so herrlich sein! Aber nur, wenn man ihn mal nicht hatte, kann man ihn wieder richtig wertschätzen und genießen.

Nach einem opulenten Frühstücksbuffet geht es wieder zum Kreml. Wir sind eine der frühesten Gruppen, die schon lange vor seiner Öffnung ansteht. Das ist gut so, denn später wird das große ehemalige Festungsgelände so voll, daß immer Touristen im Weg stehen, wenn man fotografieren will.

Die Stadtführerin – wieder eine ziemlich strenge – zeigt uns Präsident Putins Bürohaus auf dem Kremlberg mit der Warnung, ja nicht die Straße zu überqueren und ihm zu nahe zu kommen – dem Haus, nicht dem Präsidenten. Sie zeigt uns die gewaltige Zarenkanone, aus der nie geschossen wurde, und die gewaltige Glocke, die nie geläutet hat, weil bei einem Feuer ein „Teilchen" von elf Tonnen Gewicht sich von ihr löste (die ganze Glocke wog zweihundert Tonnen). Sie zeigt uns die ehemalige Sommerresidenz der Zaren im Kreml, in der heutzutage ausländische Delegationen empfangen werden. Wenn wir also im Fernsehen Frau Merkel und Herrn Putin mit ihren Stäben am langen Konferenztisch sitzen sehen, dann sitzen sie hier. Die Stadtführerin macht uns auf insgesamt neun Kirchen im Kreml aufmerksam, darunter die Hochzeitskirche der Zaren, die Grabkirche der Zaren, ihre Gebetskirche, die Kirche des Moskauer Patriarchen usw. usw. Diese orthodoxen Kirchen setzen sowohl im Kreml als auch in der Stadt mit ihren goldenen oder bunten

Zwiebeltürmen absolute Höhepunkte und sind immer ein Blickfang. Die Kathedrale Mariä Himmelfahrt im Kreml, die heutzutage aber nicht mehr als Kirche, sondern nur noch als Museum fungiert – kein Kopftuch nötig – besichtigen wir von innen. Sie ist über und über mit Ikonen und Fresken bedeckt, jeder Quadratzentimeter der hohen Wände und der Decke, die vier dicken Säulen; nur der Fußboden natürlich nicht. Man könnte mit Hilfe der ausliegenden Pläne jedes einzelne Bild studieren, was wir aber nicht tun. Die Gesamtwirkung ist beeindruckend.

Wir bummeln noch gemeinsam durch die schönen Blumenrabatten des Kreml, genießen immer neue Blicke auf die Kirchen und hinunter auf den Fluß, die Moskwa, bevor Hans und ich allein zum Leninmausoleum eilen. Es ist leider entgegen der angegebenen Öffnungszeiten geschlossen. „Heute nicht. Kommen Sie morgen", sagt die Aufpasserin uns auf englisch. Schade. Ich liebe Mumien. Als ich Lenin vor vielen Jahren schon einmal "besuchte", sah er allerdings eher wie eine

Wachspuppe aus. Damals standen lange Schlangen geduldig wartender Verehrer oder Neugieriger vor dem Mausoleum. Jetzt aber waren sich Olga und die Stadtführerin einig, daß kaum noch Russen Lenin sehen wollten, sondern nur noch ein paar Chinesen – und wir.

Wir fahren zum dreigeschossigen Einkaufszentrum "Manege" für Menschen mit "normalem" Portemonnaie. Das langgestreckte Gebäude aus dem 17., 18. und 20. Jahrhundert liegt mit zwei Stockwerken unter der Erde, nicht speziell eindrucksvoll oder auch nur sehenswert. Es ist auch nicht viel los. Da wir heute kein Mittagessen zu erwarten haben, essen wir in Gesellschaft eiliger Russen beim „Burger King" einen „Whopper" - total stillos, geht aber schnell, sodaß wir ohne Hetze durch die schönen Blumenanlagen – am Bach entlang mit Märchenszenen in Bronze, wo Touristen und einheimische Familien gleichermaßen die sonnigen Stunden verbringen – zum wartenden Bus gehen können.

Eineinhalb Stunden später fährt vom Leningrader Bahnhof unser Zug nach Sankt Petersburg ab. Ein hochmoderner Zug, der mit in der Spitze zweihundertzehn bis zweihundertzwanzig Kilometern/Stunde ruhig und fast lautlos zuerst durch die Moskauer Vororte und dann durch die Landschaft nach Norden schwebt. Aber das hat mit der Reise in der Transsibirischen Eisenbahn nichts mehr zu tun.

Nicht mehr: *Rattata! Tarattata!*

Wie war das schön! Wie war das toll!

Auf dem Kreml

Im Kaufhaus Gum   *In einem U-Bahnhof*

Blick auf den Kreml in Moskau